JÜRGEN HABERMAS
JOSEPH RATZINGER

DIALÉTICA DA SECULARIZAÇÃO
Sobre razão e religião

*Organização
e prefácio de Florian Schuller*

DIREÇÃO EDITORIAL:
Carlos Silva
Marcelo Araújo

CONSELHO EDITORIAL:
Avelino Grassi
Roberto Girola

COORDENAÇÃO EDITORIAL:
Denílson Luís dos Santos Moreira

TRADUÇÃO:
Alfred J. Keller

COPIDESQUE:
Leila Cristina Dinis Fernandes

REVISÃO:
Denílson Luís dos Santos Moreira

DIAGRAMAÇÃO:
Juliano de Sousa Cervelin

CAPA:
Erasmo Ballot

Título original: *Dialektik der Säkularisierung – Über Vernunft und Religion.*
Jürgen Habermas, *Vorpolitische Grundlagen des demokratischen Rechtsstaates?*
© Verlag Herder Freiburg im Breisgau, 5ª edição, 2006.
Joseph Ratzinger, *O que mantém o mundo unido. As bases morais e pré-políticas do Estado.*
© Libreria Editrice Vaticana, 2005
© António Maia da Rocha, 2005.
© Paulus Editora, 2005.

Todos os direitos em língua portuguesa, para o Brasil, reservados à Editora Ideias & Letras, 2023.
12ª impressão.

EDITORA
IDEIAS &
LETRAS

Avenida São Gabriel, 495
Conjunto 42 - 4º andar
Jardim Paulista – São Paulo/SP
Cep: 01435-001
Televendas: 0800 777 6004
vendas@ideiaseletras.com.br
www.ideiaseletras.com.br

Dados Internacionais de Catalogação na Publicação (CIP)
(Câmara Brasileira do Livro, SP, Brasil)

Dialética da secularização: sobre razão e religião / Jürgen Habermas, Joseph Ratzinger; organização e prefácio de Florian Schuller; [tradução Alfred J. Keller]. – Aparecida, SP: Ideias & Letras, 2007.

Título original: *Dialektik der Säkularisierung – Über Vernunft und Religion.*
ISBN 978-85-98239-82-8

1. Cristianismo e outras religiões 2. Fé e razão 3. Política 4. Secularização 5. Secularização (Teologia) I. Ratzinger, Joseph. II. Schuller, Florian. III. Título.

07-2434   CDD-210

Índice para catálogo sistemático:
1. Secularização: Razão e religião:
Filosofia da religião 210

SUMÁRIO

Florian Schuller
Prefácio – 5

Jürgen Habermas
**Fundamentos pré-políticos
do Estado de direito democrático?** – 21

1. Sobre a fundamentação
   do Estado constitucional
   secular a partir das fontes
   da razão prática – 27
2. Como se reproduz a
   solidariedade cidadã? – 33
3. Quando se rompe
   o vínculo social – 40
   Excurso – 45

4. Secularização como processo
   de aprendizagem duplo
   e complementar – 48
5. Como deveriam relacionar-se
   cidadãos religiosos e seculares – 53

Joseph Ratzinger
**O que mantém o mundo unido
Fundamentos morais pré-políticos
de um Estado liberal** – 59

1. Poder e direito – 65
2. Novas formas de poder
   e novas questões a respeito
   de sua contenção – 70
3. Pressupostos do direito:
   direito – natureza – razão – 76
4. Interculturalidade
   e suas consequências – 82
5. Resultados – 87

Os autores – 91

Florian Schuller

PREFÁCIO

Quando Jürgen Habermas comemorou seus 75 anos de idade em 18 de junho de 2004 e depois de o Cardeal Joseph Ratzinger haver sido eleito papa em 19 de abril de 2005, a maior parte dos economistas públicos dos grandes jornais fez referência, naturalmente em perspectivas diversas, ao diálogo que esses dois antípodas intelectuais tinham realizado em 19 de janeiro de 2004, a convite da Academia Católica da Baviera, em Munique. Certamente não é exagero afirmar que o encontro entre um dos filósofos mais importantes da atualidade e o então prefeito da Congregação para a Doutrina da Fé, do Vaticano, despertou vivo interesse no mundo todo. Na época, recebemos aqui em Munique pedidos de informação, inclusive do Marrocos e do Irã.

Alguns meses depois, refletiu-se novamente em numerosos artigos publicados por ocasião do aniversário de Habermas sobre as consequências daquele encontro. Até hoje não cessaram as manifestações de surpresa e, às vezes, até de atordoamento, tanto entre seus amigos quanto entre seus adversários. Quando então, depois da eleição papal, surgiu a necessidade de definir o perfil teológico-intelectual de Bento XVI, vieram à lembrança, como que espontaneamente, aquelas reflexões sobre as bases de nossa sociedade secular ocidental que o cardeal tecera em suas considerações sobre a estrutura do diálogo inter-religioso mundial.

Impulsos

Quais foram os passos que levaram àquela noite memorável? Tudo começou com certas impressões colhidas em países latinos.

Em 15 de junho de 1995, o arcebispo de Paris, cardeal Jean Marie Lustiger, fora eleito pelos "imortais" da nobre Académie Française como um de seus pares, passando a ocupar a cadeira número quatro, como sucessor do cardeal Albert Decourtray. Quatro anos antes, o cardeal Joseph Ratzinger já havia sido eleito *membre associé étranger* da Académie des Sciences Morales et Politiques do Institut de France.

Na Itália se realiza há anos uma discussão intensa, aberta e envolvente entre representantes intelectuais dos *credenti* e dos *laici*, como naquele país são chamados sumariamente os grupos com suas visões divergentes do mundo. Um dos documentos mais estimulantes dessa discussão foi publicado no famoso número 2/2000 da revista de intelectuais e políticos da esquerda *MicroMega*, na qual se formulou, já no próprio prefácio, a seguinte tese: "A filosofia se interessa cada vez mais não pelo conhecimento, e sim pela religião, e é sobretudo com esta que ela quer dialogar". Em seguida, essa tese é comprovada por meio de textos filosóficos das mais diversas orientações, e se destacam todos por elevado grau de qualidade intelectual. A esses foram acrescentados ensaios de três teólogos: um de Bruno Forte, recentemente nomeado arcebispo de Chieti-Vasti (em minha opinião pessoal, hoje o teólogo italiano mais instigante), que desenvolveu novamente a dramaticidade do idealismo alemão; ao lado dele havia um ensaio do fundador do mosteiro de Bose, Enzo Bianchi, e finalmente do autor mais ilustre, cardeal Joseph Ratzinger, que no prefácio é apresentado como *la quintessenza dell'ortodossia cattolica*.

O editor da revista *MicroMega* cita uma carta do cardeal em que este afirma ser "interessante" que seu ensaio seja incluído numa revista que costuma trazer sobretudo textos de não crentes e que, ainda recentemente, tinha publicado uma crítica dura contra a encíclica do papa sobre a filosofia, *Ratio et Fides*. O cardeal se dispôs a colaborar movido pela intenção de *stimolare il dibattito sulla verità della religione cristiana* (estimular o debate sobre a verdade da religião cristã). É justamente esse o assunto em torno do qual gira o discurso italiano destes anos.

Quando se compara esse número da *MicroMega* com uma publicação sobre um tema semelhante que saiu na Alemanha em setembro de 2002, com o número 149 do *Kursbuch*, repara-se imediatamente nas diferentes características da situação intelectual. Sob o mote "Deus está morto e está vivo", é analisada, sem dúvida num nível elevado, a situação das religiões, desde os EUA ou Israel, passando pela Alemanha, até o islã e o hinduísmo. Do ponto de vista jornalístico, a matéria, baseada em experiências pessoais, é bem elaborada, mas revela quase sempre um modo de ver distanciado. Nos cadernos de cultura dos grandes jornais suprarregionais, também são apresentadas de modo controverso questões fundamentais de natureza filosófica, ética e religiosa. Mas o que parece faltar na Alemanha é o diálogo filosófico comum a partir de posições diversas que poderiam interessar-se umas pelas outras (como no exemplo da Itália), ou estão faltando mesmo as estruturas necessárias a um diálogo institucionalizado na sociedade e, ao mesmo tempo, totalmente livre e pluralista e de alto nível reflexivo (como no exemplo da França).

Um outro impulso que levou ao encontro do dia 19 de janeiro de 2004 foi o discurso de agradecimento pronunciado por Habermas três semanas após o 11 de Setembro de 2001, por ocasião da entrega do Prêmio da Paz da Câmara Alemã do Livro. Para muitos foi uma surpresa ouvir da boca do filósofo, que à maneira de Max

Weber se declara "amúsico em matéria de religião", o pedido urgente dirigido à sociedade secular para chegar a um novo entendimento a respeito das convicções religiosas, já que estas não podem ser encaradas simplesmente como resíduos de um passado terminado, constituindo-se antes num verdadeiro "desafio cognitivo" para a filosofia. Esse discurso já foi chamado de "lançamento em profundidade" para as igrejas. Mas parece que ninguém se dispôs a receber a bola.

Academia

Não faltam lugares onde se poderia realizar esse discurso que, sabendo-se comprometido com a busca da verdade, apresenta suas convicções com autoconfiança e franqueza, para que possa ocorrer uma troca intelectual e reflexiva de argumentos. É esse o papel tradicional das academias. Em consequência dos sobressaltos causados pelo terror e pela guerra, foram fundadas na Alemanha, a partir de 1945, várias academias ligadas às Igrejas que viam nessas instituições uma forma de assumir sua parte na responsabilidade pela construção de uma sociedade mais humana. Uma das mais destacadas é a Academia Católica da Baviera (pela qual o cardeal Joseph Ratzinger se engajou decididamente enquanto foi arcebispo de Munique), que, desde sua fundação, em 1957, realizou uma série de congressos públicos e reuniões de grupos específicos em que foram debatidas questões fundamentais ligadas à doutrina católica, à realidade social, a decisões políticas e econômicas e a tendências culturais. Por isso, era natural que surgisse a ideia de realizar pelo menos num ou noutro ponto aquilo que na França e na Itália já faz parte integrante da vida cultural, ou seja, que se convidem para um diálogo duas pessoas cujos nomes são representativos de todo um mundo intelectual (e espiritual-cultural).

Vidas (quase) paralelas

Os dois interlocutores prometem uma situação de diálogo que dificilmente poderia ser mais interessante (mesmo fora do âmbito da língua alemã), quando se trata de reflexões fundamentais sobre a existência humana. Por isso mesmo parece tão estranho que os dois nunca se tenham encontrado antes desse dia 19 de janeiro de 2004 e muito menos tenham participado do mesmo painel.

Quase poderíamos falar em vidas paralelas, uma vez que se diz das paralelas que elas só se encontram no infinito (sem querer insinuar com isso que a Academia Católica da Baviera seja um lugar do infinito). Os dois interlocutores fazem parte da geração nascida na segunda metade dos anos vinte, Ratzinger é de 1927 e Habermas de 1929, e obtiveram o grau de doutor em sua respectiva especialidade em 1953 e 1954; a partir de 1966 (1964), ambos se viram diretamente envolvidos nas mudanças dramáticas que então se anunciavam, um em Tübingen e o outro em Frankfurt/Main. Os descontroles e as distorções que naqueles anos atingiram as raias da irracionalidade ofereceram a ambos a oportunidade de chegarem a uma opção decisiva em suas convicções. Depois de várias mudanças de lugar, Ratzinger foi chamado, em 1981, da sé episcopal da arquidiocese de Munique e Freising para Roma, onde assumiu o cargo de prefeito da Congregação para a Doutrina da Fé, enquanto Habermas voltou a Frankfurt, para assumir em 1983 sua última cadeira de professor, agora a de filosofia, com ênfase em filosofia social e da história. Em suas novas funções, ambos tiveram intervenções cada vez mais marcantes e desafiadoras nas discussões públicas. Com sua visão de Deus, do ser humano e do mundo, Ratzinger se transformaria, segundo a percepção da opinião pública, na personificação da fé católica, enquanto Habermas passaria a personificar o pensamento secular liberal e individual.

Ética da convivência

Segundo os entendimentos prévios, o tema do diálogo giraria em torno das "bases morais pré-políticas de um Estado liberal", ou seja, os interlocutores procurariam concentrar-se na fundamentação de uma sociedade voltada para a dignidade humana. O cardeal Ratzinger colocara no topo de seu texto o título "O que mantém o mundo unido". Numa reflexão básica desse tipo, revelam-se os princípios, os axiomas, as últimas razões religiosas e seculares da própria posição, na medida em que são expostos ao crivo da argumentação pública. Para Jürgen Habermas, esse último fundamento só pode ser a razão prática de um pensamento secular pós-metafísico; para Ratzinger, trata-se da realidade do ser humano como criatura sob a perspectiva de seu criador, realidade essa anterior a qualquer determinação racional por parte da comunidade.

O desafio de uma leitura instigante

Não é minha intenção apresentar uma introdução ao conteúdo das exposições nem muito menos antecipar uma espécie de resumo. Quero acentuar apenas a grande vantagem do presente livro, com seus textos densos e pouco extensos, frente a tratados bem mais detalhados e volumosos que abordam uma temática semelhante. Aqui, o leitor pode confrontar duas formas de argumentação fundamentais e congruentes que se concentram no essencial. Tanto Jürgen Habermas quanto Joseph Ratzinger enfatizam que, "no âmbito operacional", ambos chegam a consequências semelhantes, mas na fundamentação do comportamento ético e na questão da aceitação do direito explícito, ou no "húmus das motivações" (Ratzinger), apontam para outras alternativas bem visíveis.

Enquanto a sistemática e a estrutura do respectivo argumento central podem ser chamadas de instrutivas e esclarecedoras, chegam a ser instigantes as perspectivas apresentadas pelos conferencistas. Por isso, podemos dizer que os textos merecem ser lidos realmente com curiosidade.

É precisamente essa distância que se abre entre as duas teses nitidamente diferenciadas que desafia o leitor a formular e a concretizar suas próprias reflexões – como, aliás, aconteceu durante a discussão acalorada que se seguiu no dia 19 de janeiro de 2004 às duas apresentações e que, infelizmente, não podemos reproduzir aqui. Os impulsos que foram dados naquele encontro continuam repercutindo até hoje. E é necessário e urgente que sejam levados muito a sério.

No século XVIII, havia também um papa chamado Bento; era o 14º com esse nome e governou a Igreja entre 1740 e 1758. Como era um dos maiores intelectuais de seu tempo, correspondia-se amiúde com o grande iluminista (e crítico da Igreja) Voltaire. Até hoje, o papa e o filósofo do Iluminismo são considerados os protótipos de um diálogo que, em nossos dias, ajudará a decidir qual será a forma futura desse nosso mundo único.

Jürgen Habermas

FUNDAMENTOS PRÉ-POLÍTICOS DO ESTADO DE DIREITO DEMOCRÁTICO?

O tema proposto para essa discussão lembra uma questão que, em meados dos anos 1960, Ernst Wolfgang Böckenförde conseguiu formular de modo contundente nesta pergunta: "Será que o Estado liberal secularizado se alimenta de pressupostos normativos que ele próprio não é capaz de garantir?"[1] Enuncia-se nessas palavras uma dúvida quanto à possibilidade de o Estado constitucional

---

[1] BÖCKENFÖRDE, E. W. "Die Entstehung des Staates als Vorgang der Säkularisation (1967)", in: id., *Recht, Staat, Freiheit*, Frankfurt/Main, 1991, p. 92ss., aqui p. 112.

democrático renovar as condições normativas de sua existência a partir de seus próprios recursos; além disso, parece sugerir-se que esse Estado depende de tradições éticas de origem ideológica ou religiosa que sejam obrigatórias dentro da coletividade. Em vista do "fato do pluralismo" (Rawls), essa hipótese deixaria certamente em apuros um Estado comprometido com a neutralidade ideológica, mas essa conclusão ainda não invalida a presunção em si.

Inicialmente gostaria de especificar o problema sob dois aspectos: sob o aspecto cognitivo, a dúvida se refere à questão de saber se, depois de o direito se ter tornado totalmente positivo, o domínio político ainda admite uma justificativa secular, ou seja, uma justificativa não religiosa e pós-metafísica (1). Mesmo admitindo essa legitimação, continua de pé, sob o aspecto motivacional, a dúvida a respeito da possibilidade de estabilizar-se a comunidade ideologicamente pluralista de maneira normativa, ultrapassando, portanto, um mero *modus vivendi*, pela mera presunção de um consenso de fundo que, na melhor das hipóteses, será apenas formal e limitado a procedimentos e princípios (2). Mesmo que seja possível superar essa dúvida, continuará válida a constatação de que a ordem liberal depende da solidariedade de seus cidadãos, mas as fontes dessa solidariedade podem vir a secar se a secularização da sociedade como um todo "sair dos trilhos". É um diagnóstico que não pode ser pura e simplesmente descartado, mas também não se pode concluir dela, sem mais nem menos, que as pessoas cultas entre os defensores da religião tirem dela uma espécie de "mais-valia" (3). Em vez disso, pretendo propor que a secularização cultural e social seja entendida como um processo de aprendizagem dupla que obriga tanto as tradições do Iluminismo quanto as doutrinas religiosas a refletirem sobre seus respectivos limites (4). Quanto às sociedades pós-seculares, é preciso responder à pergunta: quais orientações cognitivas e expectativas normativas o Estado liberal precisa exigir de seus cidadãos crentes e não crentes no relacionamento mútuo (5)?

1. Sobre a fundamentação do Estado constitucional secular a partir das fontes da razão prática

O liberalismo político (defendido por mim na forma específica do republicanismo de Kant)[2] entende-se como uma justificativa não religiosa e pós-metafísica dos fundamentos normativos do Estado constitucional democrático. Essa teoria enquadra-se na tradição de um direito racional que dispensa as fortes presunções de ordem cosmológica ou de história da salvação em que se baseiam as doutrinas clássicas e religiosas do direito natural. A história da teologia

---

[2] HABERMAS, J. *Die Einbeziehung des Anderen*. Frankfurt/Main, 1996.

cristã da Idade Média, em especial a escolástica espanhola tardia, faz parte naturalmente da genealogia dos direitos humanos. Mas as bases legitimadoras de um poder ideologicamente neutro do Estado provêm, em última análise, das fontes profanas da filosofia dos séculos XVII e XVIII. A teologia e a Igreja conseguiram resolver os desafios espirituais do Estado constitucional revolucionário só bem mais tarde. Do lado católico, que costuma ter uma relação serena com o *lumen naturale*, não me parece existir em princípio nenhuma objeção contra uma fundamentação autônoma (independentemente das verdades reveladas) da moral e do direito.

No século XX, a fundamentação pós-kantiana dos princípios constitucionais liberais teve de haver-se menos com as sequelas do direito natural objetivo (e da ética material de valores) e mais com as formas históricas e empiristas da crítica. A meu ver, bastam presunções fracas quanto ao conteúdo normativo da constituição comunicativa de formas de vida socioculturais, para defender um conceito não derrotista da razão contra o contextualismo e um conceito não decisionista da validez do direito contra o positivismo jurídico.

A tarefa principal consiste em explicar:

- por que o processo democrático é aceito como um processo legítimo de criação de direito;
- por que a democracia e os direitos humanos estão interligados com a mesma primordialidade no processo constituinte.

A explicação se encontra na comprovação:

- de que o processo democrático, na medida em que satisfaz as condições de uma formação inclusiva e discursiva da opinião e da vontade, justifica uma presunção de aceitabilidade racional dos resultados:

- de que a institucionalização jurídica de tal processo de criação democrática do direito exige a garantia simultânea tanto dos direitos básicos liberais quanto dos políticos.[3]

O ponto de referência dessa estratégia de fundamentação é a constituição que os cidadãos associados se dão a si mesmos, e não a domesticação de um poder de Estado pré-existente. Esse poder só passa a existir na medida em que é produzido pela constituinte. Um poder de Estado "constituído" (e não apenas constitucionalmente domesticado) está juridificado até o âmago, de modo que o direito perpassa o poder político de uma maneira completa e total. Enquanto o positivismo da vontade do Estado da teoria alemã do direito político (desde Laband e Jellinek até Carl Schmitt), que tinha suas

---

[3] HABERMAS, J. *Faktizität und Geltung*, Frankfurt/Main, 1992, cap. III.

raízes fincadas no império, ainda deixara uma escapatória para uma substância moral ajurídica "do Estado" ou "do elemento político", já não existe no Estado constitucional um sujeito de domínio que possa alimentar-se de alguma substância pré-jurídica.[4] Não sobra nenhuma lacuna deixada pela soberania pré-constitucional do príncipe que, agora, precise ser preenchida – na figura do etos de um povo mais ou menos homogêneo – por uma soberania popular igualmente substancial.

À luz dessa herança problemática, a pergunta de Böckenförde foi interpretada no sentido de que uma ordem constitucional completamente positivista necessitaria da religião ou de algum outro "poder sustentador" que garanta suas bases de validez. Segundo essa leitura, a pretensão de validez do direito positivo dependeria de uma fundamentação

---

[4] BRUNKHORST, H. "Der lange Schatten des Staatswillenpositivismus", in: *Leviathan* 31 (2003), pp. 362-381.

baseada nas convicções morais e pré-políticas de comunidades religiosas ou nacionais, porque não se leva em conta que as ordens jurídicas podem autolegitimar-se exclusivamente por processos jurídicos produzidos democraticamente. Caso o processo democrático não seja entendido de modo positivista (como no caso de Hans Kelsen ou Niklas Luhmann), e sim como método para produzir legitimidade a partir da legalidade, não resulta daí nenhum déficit de validez que tenha de ser preenchido pela "moralidade". Em oposição a uma interpretação jurídico-hegeliana do Estado constitucional, a concepção procedimentalista inspirada em Kant se baseia na fundamentação autônoma dos princípios constitucionais que pode ser aceita racionalmente por todos os cidadãos.

2. Como se reproduz a solidariedade cidadã?

Tenho por mim que a constituição do Estado constitucional liberal basta a si mesma para se legitimar, pois dispõe de um acervo cognitivo de argumentos que independe das tradições religiosas e metafísicas. Mas, mesmo com essa premissa, continua subsistindo a dúvida do ponto de vista motivacional. É que os pressupostos normativos do Estado constitucional democrático são mais exigentes em relação ao papel dos cidadãos que se entendem como autores do direito do que em relação ao papel dos membros de uma sociedade que são destinatários do direito. De destinatários do direito espera-se apenas que, no exercício de suas liberdades (e pretensões) subjetivas, não ultrapassem os limites legais. Deles se exige que obedeçam às leis obrigatórias da liberdade, mas de cidadãos que exercem o papel de colegisladores democráticos espera-se outro tipo de motivação e atitude.

Os últimos devem exercer ativamente seus direitos de comunicação e participação, não só num legítimo interesse próprio, mas também em vista do bem comum. Isso exige um dispêndio mais custoso de motivação, que não pode ser obtido legalmente por coação. O dever jurídico de participar das eleições, por exemplo, seria um corpo tão estranho num Estado democrático de direito quanto a solidariedade compulsória. Apenas se pode desejar que os cidadãos de uma comunidade liberal tenham a disposição de empenhar-se eventualmente por concidadãos desconhecidos e anônimos e de aceitar sacrifícios em prol do interesse geral. Por isso, é essencial para a sobrevivência da democracia que as virtudes políticas sejam "cobradas", mesmo que seja apenas em miúdos. Elas fazem parte da socialização e da familiarização com as práticas e os modos de pensar de uma cultura política liberal. O status de cidadão fica, por assim dizer, embutido numa sociedade civil que se alimenta de fontes espontâneas ou "pré-políticas", se preferirem chamá-las assim.

Isso não significa que o Estado liberal seja incapaz de reproduzir seus pressupostos motivacionais a partir de suas próprias reservas. Os motivos que levam os cidadãos a participarem da formação da opinião e da vontade políticas nutrem-se, certamente, de projetos éticos e de formas culturais de vida, mas nem por isso podemos ignorar que as práticas democráticas desenvolvem também sua própria dinâmica política. Só um Estado de direito sem democracia, com o qual estávamos acostumados na Alemanha por longo tempo, sugeriria responder de forma negativa à pergunta de Böckenförde: "Até que ponto um povo unido num Estado é capaz de viver tão somente em função da garantia da liberdade individual, sem que exista um vínculo unificador anterior a essa liberdade?"[5] O Estado de direito constituído democraticamente não garante apenas liberdades negativas para os membros da sociedade preocupados com seu próprio bem-estar. Ao permitir as liberdades comunicativas, ele incentiva também a participação dos cidadãos no debate público sobre temas que dizem respeito a todos. O "vínculo unificador" que estaria faltando é formado pelo próprio processo democrático – uma prática comunicativa que só pode ser exercida em comum e na qual se discute, em última análise, o verdadeiro entendimento da constituição.

Assim, nas controvérsias atuais em torno da reforma do Estado de bem-estar social, da política de imigração, da guerra do Iraque ou da abolição do serviço militar obrigatório, não estão em jogo

---

[5] BÖCKENFÖRDE (1991), p. 111.

apenas questões políticas isoladas, sempre se trata também da interpretação controversa de princípios constitucionais e, implicitamente, da maneira como pretendemos ver-nos à luz da diversidade de nossos modos de vida cultural, de nossas visões do mundo e convicções religiosas como cidadãos da Alemanha e como europeus. Olhando para o passado, vemos naturalmente que um fundo religioso e uma língua comuns, além de uma renovada consciência nacional, contribuíram para o surgimento de uma solidariedade civil altamente abstrata. Mas, nesse meio tempo, a mentalidade republicana se descolou quase por completo desses pressupostos pré-políticos, e o fato de não estarmos dispostos a morrer "pelo Tratado de Nice" já não constitui um argumento contra uma constituição europeia. Basta lembrar os discursos ético-políticos sobre o holocausto e os crimes em massa cometidos em nome do próprio governo: tudo isso fez os cidadãos alemães terem consciência de que a constituição é uma conquista. O exemplo de uma "política da memória" autocrítica (que hoje já não aparece como uma exceção, pois está presente também em outros países) mostra como os vínculos patriótico-constitucionais podem formar-se e renovar-se no próprio meio político.

Ao contrário do que poderia sugerir um mal-entendido muito disseminado, a existência de um "patriotismo constitucional" significa que os cidadãos assimilam os princípios da constituição não apenas em seu conteúdo abstrato, mas concretamente a partir do contexto histórico de sua respectiva história nacional. Se quisermos que os conteúdos morais de direitos básicos criem raízes nas mentalidades, o mero processo cognitivo não será suficiente. Convicções morais e o consenso mundial em forma de indignação moral sobre as violações massivas de direitos humanos levariam tão somente à formação de uma integração muito tênue dos membros de uma sociedade mundial politicamente constituída (se é que essa existirá um dia). Entre cidadãos, qualquer solidariedade abstrata e juridicamente intermediada só pode surgir quando os princípios de justiça conseguem imiscuir-se na trama bem mais densa das orientações de valores culturais.

3. Quando se rompe o vínculo social

De acordo com as considerações precedentes, a natureza secular do status da constituição democrática não apresenta nenhuma deficiência interna que seja inerente ao sistema político em si e que possa pôr em risco sua autoestabilização sob o ponto de vista cognitivo ou motivacional. Isso não elimina eventuais causas externas. Um desvio na modernização da sociedade como um todo poderia perfeitamente levar ao enfraquecimento do vínculo democrático, esgotando aquele tipo de solidariedade da qual o Estado democrático depende, sem que possa reclamá-la juridicamente. Nesse caso se criaria justamente aquela situação visada por Böckenförde: a transformação dos cidadãos de sociedades liberais prósperas e pacíficas em mônadas isoladas que, interessadas tão somente em seus próprios interesses, usam entre si seus direitos subjetivos apenas como armas. Evidências de um esgotamento da solidariedade cidadã começam a aparecer no contexto maior de um dinamismo político descontrolado que envolve a economia e a sociedade mundiais.

Mercados que não podem ser democratizados como se fossem administrações estatais assumem progressivamente funções de regulação em áreas da vida que até hoje foram mantidas coesas de maneira normativa, isto é, ou politicamente, ou por meio de formas pré-políticas de comunicação. Em consequência disso, são repolarizadas as esferas privadas que passam a obedecer cada vez mais aos mecanismos de ação voltados para o sucesso e para as próprias preferências; ao mesmo tempo encolhe também o âmbito sujeito a imposições de legitimação pública. O privatismo do cidadão é reforçado ainda pela desanimadora perda de função da formação democrática de opinião e vontade, que por enquanto funciona, precariamente, apenas nas arenas nacionais, sem alcançar os processos decisórios transferidos para os níveis supranacionais. A esperança desvanecente na influência política da comunidade internacional também contribui para impulsionar a tendência de despolitização dos cidadãos. Diante dos conflitos e das gritantes injustiças sociais de uma sociedade mundial extremamente fragmentada, aumenta o desencanto a cada novo fracasso experimentado no caminho da constitucionalização do direito internacional (iniciado em 1945).

As teorias pós-modernas entendem essas crises de maneira crítico-racional e não como consequências de uma exploração seletiva dos potenciais racionais presentes, de alguma maneira, na modernidade ocidental. Para elas, trata-se do resultado lógico do programa de uma racionalização espiritual e social autodestrutiva. É verdade que a tradição católica é em si avessa a qualquer ceticismo radical em relação à razão, mas mesmo assim o catolicismo teve alguma dificuldade de lidar, até os anos 1960 do século passado, com o pensamento secular do Humanismo, do Iluminismo e do Liberalismo político. E nos dias de hoje encontra novamente repercussão um teorema que vê a única saída para uma modernidade arrependida na orientação religiosa voltada para um ponto de referência transcendental. Em Teerã, um colega me perguntou se, do ponto de vista da cultura comparada e da sociologia da religião, a secularização europeia não teria sido o verdadeiro descaminho que precisa ser corrigido. Essa situação lembra o estado de espírito da República de Weimar, Carl Schmitt, Martin Heidegger ou Leo Strauß.

De minha parte, prefiro não levar ao extremo crítico-racional a pergunta se a modernidade ambivalente será capaz de encontrar sua estabilidade, valendo-se apenas das forças seculares de uma razão comunicativa. Acho melhor tratá-la sem dramaticidade como uma questão empírica aberta. Isso não significa que eu pretenda considerar o fenômeno da permanência da religião num ambiente de secularização progressiva como um mero fato social. A filosofia precisa levar a sério esse fenômeno como um desafio cognitivo a ser analisado a partir do lado interior. Mas, antes de dar prosseguimento a esse rumo da discussão, gostaria de mencionar pelo menos uma ramificação óbvia do diálogo que aponta numa outra direção. Por causa da tendência ao radicalismo que caracteriza a crítica da razão, a filosofia se deixou induzir a uma autorreflexão sobre suas próprias origens metafísico-religiosas, com o consequente envolvimento esporádico num diálogo com uma teologia que, por sua vez, procurava apoiar-se nas tentativas filosóficas de uma autorreflexão pós-hegeliana da razão.[6]

---

[6] NEUNER, P., WENZ, G. (org.), *Theologen des 20. Jahrhunderts*. Darmstadt, 2002.

Excurso

O ponto de referência para o discurso filosófico sobre razão e revelação é um modo de pensar recorrente: a razão, refletindo sobre seu fundamento mais profundo, descobre que sua origem vem de um outro, cujo poder determinante ela se vê obrigada a reconhecer, se não quiser perder a orientação racional no beco sem saída de um autoassenhoreamento arrogante. Como modelo, serve nesse caso um exercício de reversão realizado – ou pelo menos desencadeado – por suas próprias forças, uma conversão da razão pela razão, onde não importa se a reflexão começa (como em Schleiermacher) com a autoconsciência do sujeito que conhece e age, ou se começa (como em Kierkegaard) com o caráter histórico da autocertificação existencial de cada um, ou (como em Hegel, Feuerbach e Marx) com a desintegração provocante da situação moral. Inicialmente, sem nenhuma intenção teológica, a razão, que nesse caminho toma conhecimento de seus limites, extrapola-se em direção a um outro algo, que pode assumir a forma da fusão mística com uma consciência cósmica abrangente, ou a forma da esperança desesperada que aguarda o evento histórico de uma mensagem salvadora, ou a forma de uma solidariedade com os humilhados e ofendidos que se adianta para acelerar a salvação messiânica. Esses deuses anônimos da metafísica pós-hegeliana – a consciência abrangente, o evento imemorável, a sociedade não alienada – tornam-se presas fáceis da teologia. Eles se oferecem para serem decodificados como pseudônimos da trindade do Deus pessoal que se comunica a si mesmo.

De qualquer maneira, essas tentativas de renovação da teologia filosófica depois de Hegel são mais simpáticas do que aquele Nietzcheanismo, que se vale da conotação cristã dos termos ouvir e escutar, devoção e esperança da graça, advento e acontecimento, apenas para retornar, com o pensamento propositadamente desnucleado, a um arcaísmo indefinido que se situa além de Cristo e Sócrates. Uma filosofia consciente de sua falibilidade e da fragilidade de sua posição dentro do conjunto diferenciado da sociedade moderna insiste, pelo contrário, na diferenciação genérica, mas de modo algum pejorativa, entre o discurso secular, que ela pretende universalmente acessível, e o discurso religioso, que depende de verdades reveladas. Divergindo de Kant e Hegel, a filosofia, com essa determinação gramatical de limites, não se arvora em instância de julgamento sobre o que seja verdadeiro ou falso nos conteúdos das tradições religiosas, no que eles ultrapassam o conhecimento geral institucionalizado da sociedade. O respeito que acompanha essa abstenção cognitiva de julgar baseia-se na consideração para com pessoas e modos de vida que, visivelmente, haurem sua integridade e autenticidade de suas convicções religiosas. Além desse respeito, a filosofia tem também motivos para se manter disposta a aprender com as tradições religiosas.

4. Secularização como processo de aprendizagem duplo e complementar

Ao contrário da abstinência ética de um pensamento pós-metafísico que carece de qualquer conceito de obrigatoriedade geral a respeito de uma vida boa e exemplar, encontram-se nas sagradas escrituras e nas tradições religiosas intuições sobre faltas e redenção, sobre o desfecho salvador de uma vida originalmente experimentada como irremediável, que durante milênios foram sutilmente soletradas e conservadas pela prática hermenêutica. Por isso, é possível que na vida das comunidades religiosas – contanto que evitem o dogmatismo e a coerção das consciências – permaneça intacto algo que se perdeu alhures e que não pode ser recuperado, nem mesmo com a ajuda exclusiva do conhecimento profissional de especialistas; estou falando de possibilidades de expressão e sensibilidades suficientemente diferenciadas para uma vida malograda, para patologias sociais, para o fracasso de projetos de vida individuais e as deformações de nexos de vida truncados. Partindo da assimetria das pretensões epistêmicas, é possível justificar na filosofia uma disposição para a aprendizagem frente à religião, não por razões funcionais, e sim por razões de conteúdo, lembrando os bem-sucedidos processos de aprendizagem "hegelianos".

A permeação mútua do cristianismo e da metafísica grega não produziu apenas a forma espiritual da dogmática teológica e a helenização – nem sempre benéfica – do cristianismo. Ela promoveu também a apropriação de conteúdos genuinamente cristãos pela filosofia. Esse processo de apropriação tomou forma em redes conceituais normativas extremamente carregadas, como, por exemplo, responsabilidade, autonomia e justificação, ou história e memória, recomeço, inovação e retorno, ou emancipação e realização, ou despojamento, internalização e incorporação, individualidade e comunidade. Mesmo transformando o sentido originalmente religioso, contudo não o deflacionou ou consumiu a ponto de torná-lo vazio. A transformação da condição de similaridade com Deus do ser humano em dignidade igual e incondicional de todos os seres humanos é uma dessas transposições preservadoras que, para além dos limites da comunidade religiosa, franqueia ao público em geral, composto de crentes de outras religiões e de descrentes, o conteúdo de conceitos bíblicos. Walter Benjamin foi um daqueles que algumas vezes conseguiram realizar essas transposições.

Partindo dessa experiência de aproveitamento de potenciais de significação ligadas a um conteúdo religioso, podemos dar ao teorema de Böckenförde um sentido inofensivo. Mencionei o diagnóstico que afirma estar ameaçado o equilíbrio que se estabeleceu na Idade Moderna entre os três grandes meios de integração social, porque os mercados e o poder administrativo desbancam a solidariedade social de um número crescente de âmbitos da vida, o que implica um enfraquecimento de sua ação coordenadora sobre valores, normas e o uso da linguagem voltado para o entendimento. Por isso, é também do interesse do Estado constitucional que se usem todas as fontes culturais de uma maneira moderada, porque é nelas que se abastecem a consciência normativa e a solidariedade dos cidadãos. Essa consciência que se tornou conservadora repercute no discurso da "sociedade pós-secular".[7]

---

[7] EDER, K. "Europäische Säkularisierung – ein Sonderweg in die postsäkulare Gesellschaft?", in: *Berliner Journal für Soziologie*, cad. 3 (2002), pp. 331-343.

Isso não significa apenas que a religião consegue manter seu lugar num ambiente cada vez mais secularizado e que a sociedade por ora continua contando com a permanência das comunidades religiosas. A expressão "pós-secular" tributa às comunidades religiosas não apenas reconhecimento público pela contribuição funcional que elas prestam à reprodução de motivos e atitudes. Na verdade, reflete-se na consciência pública de uma sociedade pós-secular uma convicção normativa que traz consequências para as relações políticas dos cidadãos não crentes com os crentes. Começa a prevalecer na sociedade pós-secular a ideia de que a "modernização da consciência pública" afeta de maneira defasada tanto as mentalidades religiosas quanto as seculares, modificando-as de forma reflexiva. Entendendo a secularização da sociedade como um processo comum de aprendizagem complementar, ambos os lados estarão em condições de levar a sério em público, por razões cognitivas, as respectivas contribuições para temas controversos.

5. Como deveriam relacionar-se cidadãos religiosos e seculares

De um lado, a consciência religiosa se viu coagida a aceitar processos de adaptação. Toda religião é originalmente uma "visão do mundo" ou uma *comprehensive doctrine*, inclusive no sentido de reivindicar a autoridade de estruturar a forma de vida como um todo. Sob a pressão da secularização do conhecimento, da neutralização do poder do Estado e da liberdade religiosa generalizada, a religião se viu obrigada a desistir dessa pretensão ao monopólio de interpretação e à forma normativa e abrangente de vida. Com a diferenciação funcional progressiva de sistemas sociais parciais, a vida da comunidade religiosa também se separa de seu entorno social. O papel do membro da comunidade se diferencia do papel do cidadão. Como o Estado liberal depende da integração política de seus cidadãos e como essa integração não pode ficar restrita a um mero *modus vivendi*, essa diferenciação das condições de membro não pode esgotar-se numa simples adaptação cognitiva do etos religioso às leis impostas pela sociedade secular. Antes é necessário que a ordem jurídica universalista e a moral igualitária da sociedade sejam de tal maneira conectadas internamente ao etos da comunidade e que um elemento decorra consistentemente do outro. Para esse tipo de "inserção", John Rawls escolheu a imagem do módulo: esse módulo da justiça secular deve encaixar-se nos respectivos nexos legitimadores ortodoxos, apesar de ter sido construído à base de razões ideológicas neutras.[8]

A expectativa normativa com a qual a comunidade religiosa se vê confrontada

---

[8] RAWS, J. *Politischer Liberalismus*. Frankfurt/Main, 1998, p. 76ss.

pelo Estado liberal confunde-se com seus próprios interesses, na medida em que lhe dá a possibilidade de exercer por meio da esfera pública política sua própria influência sobre a sociedade como um todo. É verdade que a carga das consequências da tolerância não é simetricamente distribuída sobre crentes e não crentes, conforme mostram, por exemplo, as normas mais ou menos liberais para a prática do aborto, mas a consciência secular também tem de pagar seu tributo para entrar no gozo da liberdade religiosa negativa. Espera-se dela uma exercitação no relacionamento autorreflexivo com os limites do Iluminismo. A concepção de tolerância de sociedades pluralistas de constituição liberal não exige apenas dos crentes que entendam, em suas relações com os descrentes e os crentes de outras religiões, que precisam contar sensatamente com a continuidade de um dissenso, pois numa cultura política liberal exige-se a mesma compreensão também dos descrentes no relacionamento com os religiosos.

Para o cidadão sem tino para a religião, isso significa que ele recebe uma convocação nada trivial para determinar de maneira autocrítica a relação entre fé e conhecimento na base do conhecimento geral do mundo. A expectativa de uma não convergência continuada entre fé e conhecimento só pode merecer o atributo de "sensata" se for admissível que as convicções religiosas ganhem também, na perspectiva do conhecimento secular-profano, um status epistêmico que não seja pura e simplesmente irracional. É por isso que na esfera política pública as visões naturalistas do mundo – que, baseando-se numa elaboração especulativa de informações científicas, são relevantes para o autoconceito ético dos cidadãos[9] – não gozam de antemão de prerro-

---

[9] Cf. por exemplo SINGER, W. "Keiner kann anders sein als er ist. Verschaltungen legen uns fest: Wir sollten aufhören von Freiheit zu reden" (Ninguém pode ser diferente do que é. Somos determinados por conectores: deveríamos parar de falar em liberdade), *Frankfurter Allgemeine Zeitung*, 8 de janeiro de 2004, p. 33.

gativas em relação às concepções ideológicas ou religiosas concorrentes.

A neutralidade ideológica do poder do Estado que garante as mesmas liberdades éticas a todos os cidadãos é incompatível com a generalização política de uma visão do mundo secularizada. Em seu papel de cidadãos do Estado, os cidadãos secularizados não podem nem contestar em princípio o potencial de verdade das visões religiosas do mundo, nem negar aos concidadãos religiosos o direito de contribuir para os debates públicos servindo-se de uma linguagem religiosa. Uma cultura política liberal pode até esperar dos cidadãos secularizados que participem de esforços de traduzir as contribuições relevantes em linguagem religiosa para uma linguagem que seja acessível publicamente.[10]

---

[10] HABERMAS, J. *Glauben und Wissen*. Frankfurt/Main, 2001.

Joseph Ratzinger

**O QUE MANTÉM
O MUNDO UNIDO**

**FUNDAMENTOS MORAIS
PRÉ-POLÍTICOS DE UM
ESTADO LIBERAL**

Na fase de aceleração do desenvolvimento histórico em que nos encontramos hoje, destacam-se, a meu ver, sobretudo dois fatores marcantes de um processo que teve um início bastante lento: Por um lado, temos a formação de uma sociedade mundial em que as diversas potências políticas, econômicas e culturais passam a depender cada vez mais uma da outra, tendo contato mútuo e permeando-se cada vez mais nos diversos âmbitos. Por outro lado, temos o desenvolvimento das possibilidades do ser humano, do poder de criar e destruir que, superando tudo o que até hoje era habitual, levanta a questão do controle jurídico e moral do poder. Impõe-se, por isso, com urgência a pergunta como as culturas em contato entre si podem encontrar bases éticas que levem sua convivência ao caminho correto, de modo que seja possível construir uma forma comum de responsabilidade jurídica para submeter o poder ao controle e à ordem.

O fato de o projeto de um "etos mundial", defendido por Hans Küng, encontrar tanta aceitação mostra que a questão está colocada, mesmo que se aceite a crítica arguta que Robert Spaemann formulou contra esse projeto.[1] Na verdade, deve acrescentar-se aos dois fatores citados um terceiro: no processo de encontro e permeação das culturas, desfizeram-se em grande parte as certezas éticas que antes serviram de suporte;

---

[1] SPAEMANN, R. "Weltethos als 'Projekt'", in: *Merkur*, cad. 570/571, pp. 893-904.

continua sem resposta a questão fundamental: o que é o bem propriamente dito, sobretudo no contexto dado atualmente? E por que esse bem deve ser praticado, mesmo que seja em prejuízo próprio?

A mim me parece óbvio que a ciência como tal não é capaz de produzir um etos, ou seja, uma consciência ética renovada não surgirá como fruto de debates científicos. Por outro lado, é incontrovertível também que a transformação radical da imagem do mundo e do homem, que resultou do crescimento do conhecimento científico, contribuiu decisivamente para o desmantelamento de antigas certezas morais. Assim, sobrou apenas a responsabilidade da ciência pelo ser humano enquanto ser humano e, sobretudo, a responsabilidade da filosofia de acompanhar de forma crítica as ciências singulares, denunciando conclusões precipitadas e certezas aparentes sobre o que é o ser humano, de onde vem e para que existe, ou, em outras palavras, eliminando o elemento não científico dos resultados científicos com os quais não raramente se confunde, para manter aberto o olhar sobre o todo, sobre as demais dimensões da realidade humana, da qual as ciências só podem mostrar aspectos parciais.

1. Poder e direito

Fazer com que o poder seja submetido ao direito, para assim ordenar seu uso sensato, é concretamente a função da política. O que deve prevalecer não é o direito do mais forte, e sim a força do direito. Poder a serviço da ordem e do direito é o polo oposto à violência entendida como um poder que age sem direito e contra o direito. Por isso, é importante para toda e qualquer sociedade superar a desconfiança em relação ao direito e à ordem, porque só assim é possível evitar o arbítrio e viver a liberdade de forma compartilhada por todos. A liberdade sem direito é anarquia que destrói a liberdade. A desconfiança e a revolta contra o direito ganham força quando o próprio direito já não parece ser a expressão de uma justiça a serviço de todos, e sim produto de um arbítrio, isto é, de uma usurpação do direito praticada por aqueles que detêm o poder.

Por isso, a tarefa de colocar o poder sob a disciplina do direito remete a uma outra questão: Como surge o direito e qual deve ser sua natureza para que seja um veículo de justiça e não um privilégio daqueles que detêm o poder de instituir o direito? De um lado, pergunta-se qual é a gênese do direito, mas por outro lado pergunta-se também pelas normas inerentes ao próprio direito. O problema de que o direito não pode ser instrumento do poder de uns poucos, pois precisa ser a expressão do interesse comum de todos, parece resolvido, pelo menos provisoriamente, pelos instrumentos de formação da vontade democrática, uma vez que por meio dessa todos participam da criação do direito, que, por isso mesmo, se torna o direito de todos, podendo e devendo ser respeitado como tal. De fato, é a garantia da participação comum na instituição do direito e na administração justa do poder o argumento principal a favor da democracia como forma adequada da ordem política.

Mesmo assim, parece-me que resta ainda uma questão. Como é difícil haver unanimidade entre os homens, ficam à disposição da formação democrática da vontade como instrumentos indispensáveis apenas a delegação e a tomada de decisões por maioria, dependendo da importância da questão em jogo, a exigência de uma maioria mais ou menos contundente. Mas as maiorias também podem ser cegas ou injustas. A história o comprova de sobejo. É possível falar em justiça ou em direito em geral, quando uma maioria, por mais absoluta que seja, aflige, por exemplo, uma minoria religiosa ou uma raça por meio de leis opressoras? Vê-se, portanto, que o princípio da maioria continua deixando sem solução a questão dos fundamentos éticos do direito: será que não existe aquilo que nunca poderá vir a ser direito, isto é, que será sempre injusto? E não existirá, inversamente, também aquilo que, por sua essência, há de ser sempre direito, sendo anterior a qualquer decisão de maioria e devendo ser respeitado por ela?

Na Idade Moderna, certo número de elementos normativos dessa natureza foi incluído em diversas declarações de direitos humanos, subtraindo-os dessa maneira ao jogo das maiorias. Pode ser que, segundo a consciência atual, as pessoas se satisfaçam com a evidência intrínseca desses valores. Mas a própria autolimitação de um questionamento desse tipo já é de caráter filosófico: existem valores em si que decorrem da essência do ser humano e que, por esse motivo, são invioláveis em todos os detentores dessa essência. Ainda deveremos voltar a falar do alcance dessa ideia, já que nem todas as culturas reconhecem hoje essa evidência. O islã definiu seu próprio catálogo de direitos humanos que diverge do catálogo ocidental. A China, apesar de aderir hoje a uma forma de cultura surgida no ocidente, ou seja, ao marxismo, discute, segundo as informações de que disponho, se não se trata, no caso dos direitos humanos, de uma invenção ocidental que precisa ser questionada.

2. Novas formas de poder e novas questões a respeito de sua contenção

Quando se trata da relação entre poder e direito e das fontes do direito, é necessário analisar mais pormenorizadamente também o fenômeno do próprio poder. Não pretendo definir a essência do poder como tal, antes tentarei esboçar os desafios que, resultando das novas formas de poder, se desenvolveram no último meio século.

No primeiro período que se seguiu à Segunda Guerra Mundial, predominou o sobressalto com o novo poder de destruição que o homem alcançara com a detonação da bomba atômica. De repente, o ser humano se viu em condições de destruir a si mesmo e sua Terra. Surgiram então as perguntas: quais são os mecanismos políticos necessários para evitar essa destruição? Como esses mecanismos podem ser encontrados e efetivados? Como se consegue mobilizar forças éticas em condições de dar forma a essas políticas e torná-las eficientes? De fato, foi a concorrência entre os blocos de poder opostos e o medo de provocar com a destruição do outro a própria destruição que, durante um longo período, nos preservaram dos horrores de uma guerra atômica. A limitação mútua do poder e o medo pela própria sobrevivência se constituíram em forças salvadoras.

Hoje já não é o medo da grande guerra que nos assusta, e sim o medo do terror onipresente que pode atacar e concretizar-se em qualquer lugar. Vemos agora que a humanidade nem precisa da grande guerra para tornar o mundo inabitável. As forças anônimas do terror, que podem estar presentes em todos os lugares, são suficientemente fortes para perseguir a todos até em sua vida cotidiana; além disso, continua vivo o fantasma do caos que poderia ser provocado no mundo todo por sujeitos criminosos capazes de obter acesso aos grandes potenciais de destruição, que assim ficariam fora do controle da ordem política. Em consequência dessa situação, a questão do direito e do etos acabou deslocando-se. Agora perguntamos: Quais as fontes que alimentam o *terror*? Como conseguiremos evitar essa nova doença da humanidade a partir de dentro dela mesma? O que assusta nesse esforço é que o terror tenta legitimar-se, pelo menos em parte, pela moral. As mensagens de Bin Laden apresentam o terror como a resposta dos povos impotentes e oprimidos à soberba dos poderosos e como castigo justo por sua presunção, sua arrogância blasfema e sua crueldade. Tudo indica que, em determinadas situações sociais e políticas, essas motivações soam convincentes.

Em parte, o comportamento terrorista é apresentado como defesa de uma tradição religiosa contra a impiedade da sociedade ocidental.

Nesse ponto surge mais uma questão que, mais adiante, deveremos abordar novamente: Se o terrorismo se nutre também do fanatismo religioso – e o fato é esse – *ainda podemos afirmar que a religião é um poder curador e salvador? Não seria ela antes um poder arcaico e perigoso* que constrói falsos universalismos, engendrando a intolerância e o terror? Não seria o caso de colocar a religião sob a tutela da razão, restringindo cuidadosamente sua atuação? Mas, nesse caso, surgiria outra pergunta: Quem poderia fazer isso? Como fazê-lo? De qualquer maneira, permanece em pé a questão geral: A abolição gradual da religião, sua superação, deve ser vista como um progresso necessário da humanidade, para que esta possa avançar no caminho da liberdade e da tolerância universal ou não?

Nesse meio tempo, começou a se destacar uma outra forma de poder que, inicialmente, parece ser puramente beneficente e digna de aplauso, mas, na verdade, trata-se de um novo tipo de ameaça para o ser humano. O homem passou a ter condições de fazer seres humanos, de produzi-los, por assim dizer, dentro da proveta. Tornando-se um produto, o ser humano modifica substancialmente a relação consigo próprio. Ele deixa de ser uma dádiva da natureza ou do Deus criador e se torna seu próprio produto. O homem desceu às nascentes do poder de onde brota sua própria existência. A tentação de querer construir o ser humano certo, a tentação de fazer experiências com o ser humano, a tentação de considerar o ser humano um lixo e de eliminá-lo deixaram de ser uma quimera de moralistas retrógrados.

Tendo perguntado anteriormente se a religião pode ser considerada uma força moral positiva, temos de admitir agora que se *duvide da confiabilidade da razão*.

Afinal de contas, a bomba atômica também é um produto da razão, assim como a criação e a seleção de seres humanos foram engenhadas pela razão. Não seria, pelo contrário, o caso de colocar a razão sob tutela? Mas quem ou o que deveria fazer isso? Ou seria o caso de a religião e a razão se limitarem mutuamente, mostrando uma à outra os respectivos limites, para que possam prosseguir em seu caminho positivo? Com isso surge novamente a pergunta como se pode encontrar numa sociedade mundial, com seus mecanismos de poder e suas forças indomadas, além de diferentes visões daquilo que é moral e direito, uma evidência ética eficaz que disponha de suficiente força motivacional e de persuasão para responder aos desafios mencionados, ajudando a vencê-los.

3. Pressupostos do direito: direito - natureza - razão

Como primeiro passo, recomenda-se uma análise de situações históricas comparáveis com a nossa, se é que existem. Certamente vale a pena lançar um olhar rápido para a Grécia, que conheceu sua época iluminista em que o direito fundado nos deuses perdeu sua evidência, dando lugar a perguntas sobre as razões mais profundas do direito. Surgiu então a seguinte ideia: ao contrário do direito estabelecido, que pode ser injusto, deve existir um direito que procede da natureza e do próprio ser do homem. É necessário encontrar esse direito, para que possa servir de corretivo do direito positivo.

Mais próximo de nós é o olhar sobre a ruptura dupla que se deu na consciência europeia no início da Idade Moderna e que exigiu o estabelecimento de novas bases para a reflexão sobre o conteúdo e a fonte do direito. O primeiro evento a citar é a libertação dos limites do mundo cristão e europeu que se realiza com o descobrimento da América. Há um encontro com povos que não fazem parte do arcabouço cristão da fé e do direito que, até esse momento, era a única fonte do direito para todos e que definiu sua forma. Com esses outros povos não existe uma base comum de direito. Mas, então, será que eles não têm direitos, como muitos afirmaram e praticaram naquele tempo, ou será que existe um direito que ultrapassa todos os sistemas jurídicos e que obriga e orienta os seres humanos em suas relações entre si? Em vista dessa situação, Francisco de Vitória desenvolveu a ideia já mais ou menos intuída de um *ius gentium*, de um "direito das gentes", em que a palavra "gentes" guarda certo significado de pagãos, de não cristãos. Pensa-se, portanto, num direito que seja anterior à forma jurídica cristã e que deva reger a convivência correta entre todos os povos.

A segunda ruptura do mundo cristão se deu dentro do próprio cristianismo pelo cisma, que fez com que a comunidade dos cristãos se dividisse em várias comunidades que, em alguns casos, chegaram a se confrontar com hostilidade. Novamente, exige-se o desenvolvimento de um direito comum anterior ao dogma ou, pelo menos, de um direito mínimo que, em vez de se basear na fé, teria de se basear na natureza e na razão humana. Hugo Grotius, Samuel von Pufendorf e outros desenvolveram, então, a ideia de um direito natural na forma de um direito racional que, acima das fronteiras da fé, estabelece a razão como o órgão que deve definir direito comum.

Especialmente na Igreja católica, o direito natural continua funcionando até hoje como forma de argumento usado para apelar para a razão comum no diálogo com a sociedade secular e com outras comunidades religiosas; serve ele também de base para procurar um entendimento sobre os princípios éticos do direito numa sociedade secular pluralista. Infelizmente, trata-se de um instrumento que perdeu o gume, razão pela qual não pretendo valer-me dele no presente diálogo. A ideia de direito natural pressupõe um conceito de natureza em que a natureza e a razão se entrosam de tal maneira que a própria natureza se torna racional. Essa visão da natureza se desfez com a vitória da teoria da evolução. A natureza em si não é mais vista como racional, mesmo que exista dentro dela um comportamento racional. É esse o diagnóstico que nos é apresentado por esse lado e que hoje parece em grande parte irrefutável.[2] Das diversas dimensões do conceito

---

[2] Apesar de muitas correções isoladas, essa filosofia da evolução predominante encontra sua melhor expressão no livro *O acaso e a necessidade. Questões filosóficas da biologia moderna* (Petrópolis: Vozes, 1989), de MONOD, J. Para entender a distinção entre os resultados concretos da ciência e a filosofia que os acompanha, recomenda-se JUNKER, R., SCHERER, S. (org.), *Evolution. Ein kritisches Lehrbuch*

de natureza que fundamentavam outrora o direito natural, sobrou apenas aquela que Ulpiano (no início do século III d.C.) resumiu na frase: *Ius naturae est, quod natura omnia animalia docet*.[3] Mas justamente isso não é suficiente para nossas questões, porque estas não tratam daquilo que diz respeito aos *animalia*, e sim das tarefas especificamente humanas que a razão do ser humano criou e que não podem ser resolvidas sem a ajuda dessa mesma razão.

Como último elemento do direito natural que, em seu anseio mais profundo,

---

(Gießen, 1998). Sobre o debate em torno da filosofia que acompanha a teoria da evolução, cf. RATZINGER, J., *Glaube – Wahrheit – Toleranz* (Freiburg i. Br., 2003), pp. 131-147.

[3] Quanto às três dimensões do direito natural da Idade Média (dinamismo do ser em geral, direcionamento da natureza comum a homens e animais (Ulpiano), direcionamento específico da natureza racional do ser humano), cf. as observações de Ph. Delheye, "Naturrecht", in: *LThK* VII, pp. 821-825. Menção merece o conceito de direito natural que se encontra no início do Decreto de Graciano: "Humanum genus duobus regitur, naturali videlicit iure, et moribus. Ius naturale est, quod in lege et Evangelio continetur, quo quisque iubetur, alii facere, quod sibi vult fieri, et prohibetur, alii inferre, quod sibi nolit fieri".

pretendia ser, pelo menos na Idade Moderna, um direito racional, permaneceram os *direitos humanos*. Estes são ininteligíveis sem o pressuposto de que o ser humano, pelo simples fato de pertencer à espécie humana, é um sujeito de direitos, de que seu próprio ser traz em si valores e normas que podem ser encontrados, mas não inventados. A doutrina dos direitos humanos talvez devesse ser complementada hoje com uma doutrina dos deveres humanos e dos limites do ser humano. Isso poderia ajudar a renovar a questão sobre a possibilidade de haver uma razão da natureza e, consequentemente, um direito da razão para o ser humano e sua existência no mundo. Atualmente, um debate desse tipo precisaria ser concebido em bases interculturais. Para os cristãos, esse debate envolveria o tema da criação e do criador. No mundo indiano, existe o conceito do *dharma*, das leis intrínsecas do ser, e na tradição chinesa, a ideia das ordens do céu.

4. Interculturalidade e suas consequências

Antes de tentar tirar conclusões, gostaria de ampliar um pouco mais a pista que acabo de dar. A interculturalidade me parece ser hoje uma dimensão que não pode faltar na discussão sobre as questões básicas da condição humana. Ela não pode ficar restrita nem ao interior do cristianismo, nem à tradição racionalista do ocidente, apesar de ambos se considerarem universais em seu autoconceito, e talvez *de iure* o sejam. Mas de fato ambos precisam reconhecer que são aceitos e compreendidos somente em algumas partes da humanidade. Por outro lado, é bem mais limitado o número de culturas concorrentes do que possa parecer à primeira vista.

Inicialmente é importante constatar que já não existe uniformidade dentro dos espaços culturais, ao contrário, todos trazem a marca de tensões profundas dentro de sua própria tradição cultural. No ocidente, essa situação salta aos olhos. Mesmo que a cultura secular de uma racionalidade rigorosa, da qual Jürgen Habermas acaba de desenhar um retrato impressionante, predomine em larga escala e se entenda como seu elo de união, a interpretação cristã da realidade continua presente como força efetiva. Os dois polos se relacionam numa tensão e proximidade variáveis, dispostos a aprender com o outro e, ao mesmo tempo, rejeitando-se com mais ou menos intensidade.

O espaço cultural islâmico traz a marca de tensões semelhantes: um leque amplo se estende desde o absolutismo fanático de figuras como Bin Laden até as atitudes abertas a uma racionalidade tolerante. O terceiro grande espaço cultural, a cultura indiana ou, melhor dizendo, os espaços culturais do hinduísmo e do budismo, apresenta as marcas de tensões semelhantes, mesmo que estas, à primeira vista, mostrem-se menos dramáticas. Essas culturas também se veem confrontadas tanto com as pretensões do racionalismo ocidental quanto com os apelos da fé cristã, ambos presentes em seu meio. Elas assimilam uma e outra de formas diferentes, tentando salvar, ao mesmo tempo, sua própria identidade. As culturas tribais da África e da América Latina, estas últimas reavivadas por certas teologias cristãs, completam o quadro. Em grande parte, essas culturas questionam não só a racionalidade ocidental, mas também a pretensa universalidade da revelação cristã.

Qual a conclusão que se pode tirar disso tudo? Em primeiro lugar, parece-me inegável que a universalidade das duas grandes culturas do ocidente, ou seja, a da fé cristã e a da racionalidade secular, de fato não existe, por mais que ambas exerçam sua influência, cada uma a sua maneira, no mundo todo e em todas as culturas. Sob esse ângulo, a pergunta do colega de Teerã, mencionada por Jürgen Habermas, parece-me ter algum peso: numa perspectiva de comparação cultural e sociorreligiosa, a secularização europeia não teria sido um desvio que necessita de correção? Eu não reduziria essa questão necessariamente à disposição de ânimo de um Carl Schmitt, Martin Heidegger e Levi Strauss, ou seja, a uma espécie de situação de cansaço com a racionalidade na Europa.

Fato é que nossa racionalidade secular, por mais que ela pareça evidente a nossa mente de formação ocidental, não o é para qualquer mente. Em sua tentativa de ser evidente, essa racionalidade esbarra em limites. Sua evidência está ligada, de fato, a determinados contextos culturais, o que a obriga a reconhecer que, como tal, ela não é transparente para toda a humanidade, de modo que não pode ser operacional no todo. Com outras palavras, aquela fórmula universal, racional ou ética ou religiosa, que seja aceita por todos e que poderia sustentar o todo, não existe. Pelo menos no momento atual, ela não é alcançável. Por isso, também o assim denominado etos mundial continua sendo apenas uma abstração.

5. Resultados

O que nos resta a fazer então? Quanto às consequências práticas, concordo em grande parte com aquilo que Jürgen Habermas disse a respeito de uma sociedade pós-secular, da disposição de aprender e da autolimitação para ambos os lados. Para concluir, gostaria de resumir minha própria visão em forma de duas teses.

1. Tínhamos visto que existem *patologias na religião* que são extremamente perigosas e que exigem que se use a luz divina da razão como uma espécie de órgão de controle que a religião deve usar constantemente para sua purificação e reordenação, ideia que, aliás, já era defendida

pelos padres da Igreja.[4] Mas nossas reflexões mostraram que existem também *patologias da razão* (fato do qual a humanidade em geral não tem a mesma consciência). Existe a *hybris* da razão, que não é menos perigosa; por causa de sua eficiência potencial, é até mais ameaçadora, pois produz a bomba atômica e enxerga o ser humano como um mero produto. Por isso se faz necessário que a razão também seja levada a reconhecer seus limites e a aprender com as grandes tradições religiosas da humanidade. Quando ela passa a se emancipar completamente, deixando de lado a disposição de aprender e de se correlacionar, ela se torna destruidora.

Recentemente, Karl Hübner chegou a formular uma exigência semelhante quando disse que o objetivo direto dessa tese não é um "retorno à fé". O que

---

[4] Tentei explicar essa referência mais detalhadamente em meu livro *Glaube – Wahrheit – Toleranz*, mencionado na nota 2. Cf. também FIEDROWICZ, M. *Apologie im frühen Christentum*. Paderborn, 2001.

importa é uma "libertação da obcecação histórica de que a fé já não teria nada a dizer ao ser humano atual pelo simples fato de ela contradizer a ideia humanista da razão, do Iluminismo e da liberdade".[5] Nesse sentido, eu falaria da necessidade de uma correlacionalidade entre razão e fé, entre razão e religião. Ambas são chamadas a se purificarem e curarem mutuamente, e é necessário que reconheçam o fato de que uma precisa da outra.

2. Essa regra fundamental deve ser concretizada na prática do contexto cultural do presente. Não há dúvida de que a fé cristã e a racionalidade secular do ocidente são os parceiros principais dessa correlacionalidade. Isso pode e deve ser dito sem falso eurocentrismo. Ambas determinam a situação do mundo como nenhuma outra das forças culturais. Mas isso

---

[5] HÜBNER, K. *Das Christentum im Wettstreit der Religionen*. Tübingen, 2003, p. 148.

não significa que as outras culturas possam ser deixadas de lado como se fossem uma *quantité négligeable*. Essa atitude revelaria uma *hybris* ocidental que nos custaria caro e pela qual, em parte, já estamos pagando. Para os dois grandes componentes da cultura ocidental, é importante que saibam *ouvir*, estabelecendo uma verdadeira correlacionalidade também com essas culturas. É importante incluí-las na tentativa de uma correlação polifônica, na qual elas próprias possam abrir-se à complementaridade essencial de razão e fé, de modo que possa ter início um processo universal de purificação no qual possam ganhar, por fim, um novo brilho aqueles valores e normas que, de alguma forma, são conhecidos ou vislumbrados por todos os homens, para que possa ganhar nova força e eficácia na humanidade aquilo que mantém o mundo unido.

OS AUTORES

Jürgen Habermas

O filósofo e sociólogo Jürgen Habermas nasceu em 18 de junho de 1929, em Düsseldorf. Ele fez seus estudos em Göttingen, Zurique e Bonn e doutorou-se, em 1954, com um trabalho sobre "O absoluto na história: Sobre a ambiguidade no pensamento de Schelling". Em 1961, fez sua livre-docência com Wolfgang Abendroth, em Marburgo, com a tese "Mudança das estruturas da esfera pública: Investigações sobre uma categoria da sociedade civil". Em seguida foi professor extraordinário de filosofia na Universidade de Heidelberg, onde lecionou até 1964. De 1964 a 1971, foi professor de filosofia e sociologia na Universidade Johann Wolfgang von Goethe, em Frankfurt/Main, de onde se mudou em 1971 para Starnberg, perto de Munique, onde passou a dirigir, juntamente com Carl Friedrich von Weizsäcker, o Instituto Max Planck de Pesquisas sobre as Condições de Vida do Mundo Técnico-Científico. Em 1981, Habermas publicou sua obra principal, *Teoria da ação comunicativa*, em que desenvolve a concepção do "discurso livre de domínio". Voltou para Frankfurt/Main em 1983, onde dirigiu até 1994, ano de sua jubilação, a cadeira de filosofia, com área de concentração em filosofia social e da história. Entre os numerosos prêmios com que foi agraciado, destacam-se o Prêmio Irmãos Scholl (1985), o Prêmio Carl Jaspers (1995), o Prêmio Theodor Heuss (1999) e o Prêmio da Paz da Câmara Alemã do Livro (2001). Em 2004, recebeu pela obra de sua vida o Prêmio Kyoto, uma das maiores homenagens do mundo no campo da cultura e das ciências.

Joseph Ratzinger

Joseph Ratzinger nasceu em 16 de abril de 1927, em Marktl am Inn (Baviera). Estudou filosofia e teologia em Munique e Freising, onde recebeu em 29 de junho de 1951 a ordenação sacerdotal. Com um estudo sobre Boaventura obteve, em 1957, a livre-docência na Universidade de Munique na especialidade teologia fundamental. Nos anos seguintes, lecionou, como professor extraordinário, teologia dogmática e fundamental na Escola Superior de Filosofia e Teologia de Freising e, como professor ordinário, teologia fundamental na Universidade de Bonn. Entre 1962 e 1965, foi perito oficial do cardeal Joseph Frings durante o Concílio Vaticano II. Em 1963, tornou-se professor ordinário de dogmática e história dos dogmas na Universidade de Münster. A partir de 1966, lecionou na Universidade de Tübingen e de 1969 a 1977 na Universidade de Regensburg, em que exerceu, no ano de 1976, o cargo de vice-presidente.

Em 25 de março de 1977, Joseph Ratzinger foi nomeado arcebispo de Munique e Freising e recebeu, no mesmo ano, o título de cardeal. O papa João Paulo II o chamou, em 1981, a Roma para lhe confiar os cargos de prefeito da Congregação para a Doutrina da Fé e de presidente da Comissão Bíblica e da Comissão Internacional de Teologia. Entre 1986 e 1992, o cardeal Ratzinger dirigiu a comissão pontifícia que elaborou o "Catecismo da Igreja Católica". Em 1998, foi eleito vice-decano e, em 2002, decano do Colégio dos Cardeais. Recebeu numerosas homenagens, foi membro da Secção II do Secretariado de Estado do Vaticano, da Congregação para as Igrejas Orientais, da Congregação para o Culto Divino e os Sacramentos, da Congregação dos Bispos, da Congregação para a Evangelização dos Povos e da Congregação para a Educação Católica. No ano de 2000, o papa João Paulo II o nomeou membro honorário da Pontifícia Academia das Ciências.

Em 19 de abril de 2005, o cardeal Joseph Ratzinger foi eleito sucessor do papa João Paulo II, assumindo o nome de Bento XVI.

Florian Schuller

Florian Schuller nasceu no dia 9 de dezembro de 1946, em Augsburg (Alemanha), e estudou, de 1966 a 1974, filosofia e teologia na Pontifícia Universidade Gregoriana em Roma. Sob a orientação de Zoltan Alszeghy, doutorou-se em 1983 com uma tese sobre "Graça e responsabilidade. Valor e problemática da teologia de Fritz Buris". Em 1973, foi ordenado sacerdote pelo cardeal Julius Döpfner, em Roma. Exerceu o cargo de prefeito do Colégio Germânico-Húngaro, antes de voltar para a o trabalho pastoral na Alemanha, em 1974.

A partir de 1983, foi pároco acadêmico da Universidade e da Escola Técnica de Augsburg. De 1999 a 2000, foi reitor espiritual da Obra Episcopal de Incentivo aos Estudos, *Cusanuswerk*, em Bonn. Dirige desde setembro de 2000 a Academia Católica da Baviera, em Munique.

Esta obra foi composta em CTcP
Capa: Supremo 250g – Miolo: Pólen Natural 70g
Impressão e acabamento
Gráfica e Editora Santuário